BEI GRIN MACHT SICH IHR
WISSEN BEZAHLT

- Wir veröffentlichen Ihre Hausarbeit,
  Bachelor- und Masterarbeit

- Ihr eigenes eBook und Buch -
  weltweit in allen wichtigen Shops

- Verdienen Sie an jedem Verkauf

Jetzt bei www.GRIN.com hochladen
und kostenlos publizieren

Bibliografische Information der Deutschen Nationalbibliothek:

Die Deutsche Bibliothek verzeichnet diese Publikation in der Deutschen National-
bibliografie; detaillierte bibliografische Daten sind im Internet über http://dnb.d-
nb.de/ abrufbar.

Impressum:

Copyright © 2020 GRIN Verlag
Druck und Bindung: Books on Demand GmbH, Norderstedt Germany
ISBN: 9783346259875

Dieses Buch bei GRIN:

https://www.grin.com/document/920563

Anonym

Trainingslehre II. Diagnose, Zielsetzung und Trainings-planung Mesozyklus

GRIN Verlag

GRIN - Your knowledge has value

Der GRIN Verlag publiziert seit 1998 wissenschaftliche Arbeiten von Studenten, Hochschullehrern und anderen Akademikern als eBook und gedrucktes Buch. Die Verlagswebsite www.grin.com ist die ideale Plattform zur Veröffentlichung von Hausarbeiten, Abschlussarbeiten, wissenschaftlichen Aufsätzen, Dissertationen und Fachbüchern.

Besuchen Sie uns im Internet:

http://www.grin.com/

http://www.facebook.com/grincom

http://www.twitter.com/grin_com

Deutsche Hochschule für
Prävention und Gesundheitsmanagement
Hermann Neuberger Sportschule 3
66123 Saarbrücken

Einsendeaufgabe

Fachmodul: Trainingslehre II

Studiengang: Fitnessökonomie

Datum
Präsenzphase: 08.06.20 – 10.06.20

Studienort: **Studienzentrum Köln**

Semester: **Sommersemester 2019**

Inhaltsverzeichnis

1 Diagnose

Für Person X wird im Folgenden ein individueller Trainingsplan für das Ausdauertraining erstellt und die genauen Vorgehensweisen werden einzeln detailliert begründet. Nach einer Eingangsberatung und biometrischen Eingangstests werden sowohl allgemeine und biometrische Daten erhoben. Person X führt nun seit über einem Jahr Krafttraining aus und ging zuvor zwei Jahre lang fast täglich joggen.

1.1 Allgemeine und biometrischen Daten

In der folgenden Tabelle werden die allgemeine sowie die biometrischen Daten der Person X aufgelistet.

Tab. 1: Daten der Person X

Name	Anonym
Alter	23 Jahre alt
Geschlecht	weiblich
Körpergröße in cm	164cm
Körpergewicht in kg	61 kg schwer
Trainingsmotiv	Gesundheit, Bewegung, flacher Bauch, Krafttraining
Studium	Duale Studentin im Studiengang Fitness Ökonomie
Berufliche Tätigkeit	EMS Trainerin in einem Mikrostudio (überwiegend stehende Tätigkeit)
Aktuelle sportliche Aktivität	Seit über einem Jahr Krafttraining (4-5x die Woche)
Frühere sportliche Aktivität	Joggen, Zumba, Homeworkouts
Zeitlicher Verfügungsrahmen	3x die Woche a 2-3 Stunden
Blutdruck	SYS: 120 mmHg DIA: 76 mmHg
Bewertung	Der systolische Blutdruck liegt bei 120 mmHg und der diastolische Blutdruck ist bei 76 mmHg. Dies entspricht einem optimalen Blutdruck. ➢ Vergleich Tab. 2
Körperfettanteil in %	Gemessener Wert: 26% Normwert: 21-32,9%

Bewertung	Der optimale Körperfettanteil bei Frauen liegt zwischen 20-30%. Doch wenn man sich die Interpretation von HD McCarthy et al veröffentlicht im Jahr 2006 im Internationalen Journal of Obesity, und die von Gallagher veröffentlicht in September 2000 im American Journal of Clinical Nutrition, liegt der gemessener Wert von Person X im normalen Bereich, doch sollte bestenfalls gesenkt werden ➢ Vergleich Tab. 3
Orthopädische Probleme	Keine
Internistische Probleme	Keine
Ärztliche Behandlungen	Keine
Einnahme von Medikamenten	Keine
Sonstige gesundheitlichen Einschränkungen	Keine
Belastbarkeit bzw. Trainierbarkeit	Person X ist durch früheres Joggen und Tanzen (Zumba) sehr ausdauerfähig und gut belastbar

Die Auswertung des Blutdrucks der Person X wird im Anhang der folgenden Tabelle nochmals genauer dargestellt.

Tab. 2: Blutdruckklassifikation der American Heart Association (modifiziert nach Mancia et al., 2013, S. 1286)

Bewertungsstufen	Systolischer Blutdruck	Diastolischer Blutdruck
	Normblutdruck (Normotonie)	
optimal	unter 120 mmHg	unter 80 mmHg
normal	unter 130 mmHg	unter 85 mmHg
hochnormal	130-139 mmHg	85-89 mmHg
	Bluthochddruck (arterielle Hypertonie)	
Stufe 1	140-159 mmHg	90-99 mmHg
Stufe 2	160-179 mmHg	100-109 mmHg
Stufe 3	größer 180 mmHg	größer 110 mmHg

Neben dem Blutdruck wird ebenfalls der Ruhepuls gemessen und dieser liegt bei Person X bei 65 S/Minute. Mit diesem Wert hat Person X den Ruhepuls eines Durchschnittsbürgers, der bei 50-60 S/Minute liegt (Israel und Fikenzer, 2013, Studienbrief der Deutschen Hochschule für Prävention und Gesundheitsmanagement – Medizinische Grundlagen, S. 150-151).

Tab. 3: Ergebnisse für den Körperfettanteil in %

Alter	KFA Frauen				KFA Männer			
(Jahre)	niedrig	normal	hoch	Sehr hoch	niedrig	normal	hoch	Sehr hoch
20-39	<21%	21-33%	33-39%	≥39%	<8%	8-20%	20-25%	≥25%
40-59	<23%	23-34%	34-40%	≥40%	<11%	11-22%	22-28%	≥28%
60-79	<24%	24-36%	36-42%	≥42%	<13%	13-25%	25-30%	≥30%

Über Person X lässt es sich aufgrund des zweijährigen aktiven Joggens und Tanzsport (Zumba) sagen, dass sie dadurch über einen guten Leistungsstand verfügt.

1.2 Leistungsdiagnostik/Ausdauertestung

Im Folgenden wird auf dem Fahrrad-Ergometer ein geeigneter Ausdauertest für Person X ausgewählt und durchgeführt. Dieser Test ist erforderlich, um eine grobe Einschätzung hinsichtlich der Leistung der Person X zu machen. Im Anschluss wird dieser für das Protokoll detailliert bewertet. Bei einem Test ist jedoch wichtig, dass die Ergometrie mit einer definierten Belastung erfolgt und reproduzierbar, dosierbar, vergleichbar sowie objektiv ist (Löllgen, 2009, S. 4). Es muss eine passende Ausdauertestung für Person X gewählt werden, denn für jedes Leistungsniveau gibt es verschiedene Testmöglichkeiten.

Hierbei kann entweder mit dem WHO-Test, dem Hellmann-Venrath-Test oder dem Vita-Maxima-Test die Ausdauertestung durchgeführt werden. Der WHO-Test ist für leistungsschwache, ältere Menschen, übergewichtige sowie untrainierte Frauen geeignet. Der Hellmann-Venrath-Test eignet sich am besten für leistungsfähige Männer, trainierte ältere Menschen sowie trainierte Frauen. Zum Schluss kommt für trainierte Personen und Leistungssportler der Vita-Maxima-Test zum Einsatz.

Im nächsten Abschnitt wird erklärt welche Ausdauertestung ausgewählt wird und weshalb diese besonders zur Person X passt.

1.2.1 Begründung des Gewählten Fahrradergometers

Wie bereits in Tab. 1 dargestellt, ist Person X weiblich, 23 Jahre alt, 164 cm groß, wiegt 61 kg, ihr Körperfettanteil liegt bei 26% und ihr Ruhepuls bei 65 S/Minute. Wie ebenfalls erwähnt ist Person X in den letzten zwei Jahre vor allem fast täglich gejoggt und absolvierte zahlreiche Zumba Sitzungen. Dadurch besitzt sie einen sehr guten Leistungsstand, ist ausdauerfähig und ist gut belastbar. Dass Person X einen sehr guten Leistungsstand besitzt, erkennt man z.B. auch an ihrem Ruhepuls und ihrem Blutdruck, der im optimalen Bereich liegt (Tab. 2). Die Tatsache, dass keinerlei Verletzungen oder Vorbelastungen vorliegen, zeigt nochmal, dass sich Person X in Bestform befindet und daher bereit ist den Hellmann-Vollrath-Test anzutreten. Die Ausdauertestung nach Hellmann-Venrath auf einem Fahrradergometer lässt sich optimal für nahezu jeden Sporttypen einsetzen, da sie submaximal durchgeführt wird und dadurch eine Überlastung ausschließt. Die Normwerttabellen als Bezugssystem zum interindividuellen Leistungsvergleich sind von großer Bedeutung und machen diesen Fahrrad-Ergometer-Test so besonders (Vgl. Reiß und Israel, 2011, S. 82) neben dem geringen Zeitaufwand und der Einfachheit in der Durchführung. Um schließlich aussagekräftige Ergebnisse bezüglich der Ausdauerleistung zu erhalten, muss das Testverfahren unter standardisierten Bedingungen erfolgen, d.h. der Test muss genau dosierbar und jederzeit wieder reproduzierbar sein (Reiß und Eifler, 2014, Studienbrief der Deutschen Hochschule für Prävention und Gesundheitsmanagement – Trainingslehre II – Gesundheitsorientiertes Ausdauertraining, S. 57&63).

1.2.2   Durchführung Hellmann-Venrath-Test

Im Folgenden werden alle relevanten Testparameter und -vorgaben tabellarisch dargestellt. Im Anschluss geht es zu den Protokollierungen der Ausdauertestung von Person X.

Tab. 4: Submaximaler Hollmann-Venrath-Test im Überblick (Vgl. Studienbrief der DHfPG – Trainingslehre II - Tab. 12, S. 73).

Zielgruppe:	➢ Normal leistungsfähige Männer ➢ Trainierte Frauen ➢ Trainierte ältere Menschen
Testgerät:	Fahrradergometer
Belastungsart:	Submaximale Belastung, Stufentest
Belastungsprotokoll:	➢ Eingangsbelastung: 30 Watt ➢ Belastungssteigerung: 40 Watt ➢ Stufendauer: 3 Minuten ➢ Trittfrequenz: ca. 60-80 U/min ➢ Pulsobergrenze nach WHO: 180-LA (Rost, 2002, S. 57)
Testgröße:	Wattzahl der zuletzt durchgefahrenen Belastungsstufe bei Erreichen der definierten Pulsobergrenze bzw. Zeitinterpolation, wenn die Pulsobergrenze vor dem Ende der entsprechenden Belastungsstufe erreicht wird.
Normbewertung:	Relativ-Soll-Watt-Leistung – Watt pro kg Körpergewicht

Vor der Ausführung des Ausdauertrainings, wird Person X über den konkreten Testablauf aufgeklärt und zusätzlich auf die Abbruchkriterien beim Test ausreichend informiert. Die Sitzhaltung von Person X auf dem Fahrrad spielt hierbei eine entscheidende Rolle. Während der Trittphase sollen die Beine nicht ganz durchgestreckt werden und der Oberkörper soll einen rechtwinkligen 45°-Winkel bilden, sodass den Lenker dabei bequem erreicht werden kann (Vgl. Stemper, 2006, S. 45 f.). Die Durchführung erfolgt Mithilfe des festgelegten Belastungsschemas auf dem Rad bis zur subjektiven Ausbelastung. Die Zielfrequenz von Person X wird vor dem Test ebenfalls ausgerechnet (180-23=157 S/min). Wird diese Herzfrequenz erreicht, so ist der Test beendet.

Tab. 5: Submaximaler Fahrradergometer von Person X nach dem Belastungsschema von Hellmann und Venrath

Zeit (min)	Watt	Puls
0-3	30	87
4-6	70	118
7-9	110	134
10-12	150	149

Aus der Tabelle lassen sich die relevanten Ergebnisse des Tests entnommen. Person X hat insgesamt vier Belastungsstufen durchfahren (bis 150 Watt).

1.2.3   Bewertung der Testergebnisse

Der Test wurde bei der vierten Stufe beendet, da in bereits dieser Stufe Person X die Schmerzgrenze erreichte. Dies erkannte man an der sich langsam zeigenden fehlenden Trittkraft. Person X erreichte hier jedoch 150 Watt. Daraus ergibt sich eine relative Soll-Watt-Leistung von 2,5 Watt/kg Körpergewicht (150Watt/61kg). Mit diesem Wert liegt Person X im guten über Durchschnittsbereich, was sich gegenüber dem interindividuellen Leistungsvergleich und den Vorgaben aus der Normtabelle, relative Watt-Soll-Leistung für Frauen, bei submaximalen Fahrradergometer (Vgl. Tab. 15, Studienbrief der Deutschen Hochschule für Prävention und Gesundheitsmanagement – Trainingslehre II – Gesundheitsorientiertes Ausdauertraining, S. 77).

1.3   Gesundheits- und Leistungsstatus der Person

Im Hinblick auf die Trainierbarkeit bzw. Belastbarkeit der Person X kann nichts nennenswert Negatives festgestellt werden. Es gibt keinerlei Einschränkungen was den Gesundheitszustand von Person X betrifft. Person X befindet weder unter ärztlicher Behandlung noch muss sie Medikamenten nehmen. Dazu befinden sich alle relevanten biometrischen Werte im normalen Zustand, d.h.

innerhalb der Normwerte. Durch die zweijährige Erfahrung im Ausdauerbereich verfügt Person X des Weiteren einen sehr guten Leistungsstand und ist daher ausdauerfähig und gut belastbar.

Im Endeffekt ist davon auszugehen, dass Person X über optimale Voraussetzungen für das Ausdauertraining verfügt, da es im Bezug zu den erarbeiteten Ergebnissen eine individuelle Prognose und Zielvorgabe erstellt werden, bei der die Wünsche von Person X im Fokus gestellt werden.

2   Zielsetzung/Prognose

Die folgenden drei erarbeiteten Ziele von Person X werden mit Hilfe der oben in Tab. 1 erwähnten Trainingsmotiven festgelegt. Denn jede Person, die anfängt Sport zu treiben, verfolgt bestimmte Motive welche dementsprechend zu konkreten Zielen umgewandelt werden. Dazu gibt es der Inhalt, der Ausmaß und die Zeit.

In der folgenden Tabelle wird dies deutlicher.

Tab. 6: Sportmotorische und biometrische Ziele

Inhalt	Ausmaß	Zeit
Gewichtsreduktion	5kg	3 Monate
Flacher Bauch (Sixpack)	-5% Körperfettanteil	6 Monate
Blutdruck senken	-5mmHg systolisch & -4mmHg diastolisch	12 Monate

Es liegt in dem Interesse von Person X, abzunehmen, da sie dadurch stärker wird und sich dementsprechend stärker fühlt. Dies spielt zum Beispiel bei der Leistungsfähigkeit des Hellmann-Venrath-Tests eine wichtige Rolle. Denn da wurde Person X bewusst, dass bei Stufe vier schon an Kraft fehlte, obwohl sie sich mehr zugetraut hatte. Je weniger das Gewicht, desto höher wird das Ergebnis im Endeffekt. Ferner möchte Person X - abgesehen von der Gewichtsreduktion - eine Verbesserung ihrer Fitness, den Erhalt und die Steigerung ihrer Ausdauerfähigkeit. Ebenso wünscht sich Person X im Bereich des Körperfettanteils und des Blutdrucks eine Verbesserung. Es lässt sich auch beobachten, dass vor allem im Bereich des Körperfettanteils eine Verbesserung notwendig ist. Aus diesem Grund kommt gezielt das Ausdauertraining in Frage, denn dadurch lassen sich diese Werte vom Körperfettanteil und speziell vom Blutdruck deutlich verbessern.

3 Trainingsplanung Mesozyklus

Nach der Vorbereitung mit der Ausdauertestung und Zielsetzung, wird im Folgenden ein Trainingsplan für das Ausdauertraining in Form eines 6-wöchigen Mesozyklus für Person X erstellt.

3.1 Grobplanung Mesozyklus

Tab. 7: Grobplanung des Mesozyklus

Mesozyklus	
Dauer:	6 Wochen
Trainingsziel:	➤ Entwicklung der Grundlagenausdauer ➤ Regelmäßiges Ausdauertraining
Belastungsumfang/Woche:	2-3 Stunden
Trainingsmethoden:	Extensive Dauermethode
Trainingsintensität:	➤ 50% Hf*max* ➤ 60% Hf*max*
Trainingshäufigkeit/Woche:	3x die Woche
Dauer pro TE:	➤ 30 min (regenerativ) ➤ 30-50 min (extensiv)
Trainingsgeräte:	➤ Fahrrad ➤ Laufbahn

3.2 Detailplanung Mesozyklus

Für die Detailplanung des Mesozyklus wird die Trainingsherzfrequenz benötigt und diese lässt ganz einfach mit Hilfe der IPN-Formel für die einzelnen Intensitäten berechnen.

Thf= (Hf*max* - Hf*Ruhe*) + Intensität in % + Hf*Ruhe*

Thf: Trainingsherzfrequenz

Hf*max*: maximale Herzfrequenz (220-LA)

Hf*Ruhe*: Ruheherzfrequenz

(Hf*max*-Hf*Ruhe*): Herzfrequenzreserve

Thf = (197 S/min – 61 S/min) * 0,5 + 62 S/min = 130 S/min

9

Tab. 8: Detailplanung Mesozyklus (Woche 1-2)

Woche 1	Mo	Di	Mi	Woche 2	Mo	Di	Mi
Trainings-ziel	Aufbau der Grund-lagen-aus-dauer GA1	Ent-wick-lung & Stabili-sierung GA1 & GA2	Aktive Unter-stützung der Re-generation	Trainings-ziel	Aufbau & Sta-bilisie-rung der GA1	Entwick-lung & Stabilisie-rung GA1 & GA2	Aktive Un-terstützung der Regene-ration
Tr.-Me-thode	exten-sive Dauer-me-thode	exten-sive DM	extensive DM	Tr.-Me-thode	exten-sive DM	extensive DM	extensive DM
Tr.-Inten-sität	60% Hfmax	50% Hfmax	60% Hfmax	Tr.-Intensi-tät	60% Hfmax	50% Hfmax	60% Hfmax
Tr.-Herz-frequenz	143,6 S/min	130 S/min	143,6 S/min	Tr.-Herz-frequenz	143,6 S/min	130 S/min	143,6 S/min
Tr.-Dauer	45 min	50 min	35 min	Tr.-Dauer	45 min	50 min	35 min
Tr.-Gerät	Fahrrad	Fahrrad	Laufbahn	Tr.-Gerät	Fahrrad	Laufbahn	Laufbahn

Tab. 9: Detailplanung Mesozyklus (Woche 3-4)

Woche 3	Montag	Dienstag	Mitt-woch	Woche 4	Montag	Diens-tag	Mittwoch
Trainings-ziel	Aufbau & Sta-bilisie-rung GA1	Entwick-lung & Stabili-sierung GA1 & GA2	Rekom	Trainings-ziel	Aufbau & Sta-bilisie-rung GA1	Ent-wick-lung & Stabili-sierung GA1 & GA2	Entwicklung & Stabilisierung GA1 & GA2
Tr.-Me-thode	exten-sive DM	extensive DM	exten-sive DM	Tr.-Me-thode	exten-sive DM	exten-sive DM	extensive DM
Tr.-Inten-sität	60% Hfmax	60% Hfmax	50% Hfmax	Tr.-Intensi-tät	50% Hfmax	60% Hfmax	60% Hfmax
Tr.-Herz-frequenz	143,6 S/min	143,6 S/min	130 S/min	Tr.-Herz-frequenz	130 S/min	143,6 S/min	143,6 S/min
Tr.-Dauer	60 min	60 min	60 min	Tr.-Dauer	60 min	45 min	40 min
Tr.-Gerät	Lauf-bahn	Fahrrad	Lauf-bahn	Tr.-Gerät	Fahrrad	Lauf-bahn	Laufbahn

Tab. 10: Detailplanung Mesozyklus (Woche 5-6)

Woche 5	Montag	Dienstag	Mittwoch	Woche 6	Montag	Dienstag	Mittwoch
Trainings-ziel	Aufbau & Stabilisierung GA1	Entwicklung & Stabilisierung GA1 & GA2	Entwicklung & Stabilisierung GA1 & GA2	Trainings-ziel	Entwicklung & stabilisierung GA1 & GA2	Aufbau & Stabilisierung GA1	Entwicklung & Stabilisierung GA1 & GA2
Tr.-Methode	extensive DM	extensive DM	extensive DM	Tr.-Methode	extensive DM	extensive DM	extensive DM
Tr.-Intensität	60% Hfmax	50% Hfmax	60% Hfmax	Tr.-Intensität	50% Hfmax	60% Hfmax	60% Hfmax
Tr.-Herzfrequenz	143,6 S/min	130 S/min	143,6 S/min	Tr.-Herzfrequenz	130 S/min	143,6 S/min	143,6 S/min
Tr.-Dauer	90 min	45 min	45 min	Tr.-Dauer	90 min	50 min	40 min
Tr.-Gerät	Laufbahn	Fahrrad	Laufbahn	Tr.-Gerät	Fahrrad	Fahrrad	Laufbahn

3.3 Begründung zum Mesozyklus

Der Aufbau des Mesozyklus wird im folgenden Abschnitt in Abhängigkeit von der Zielsetzung, dem Gesundheits- und Leistungsstand von Person X detailliert und schlüssig begründet.

3.3.1 Begründung zum angestrebten wöchentlichen Belastungsumfang

Der wöchentliche Belastungsumfang ist so festgelegt worden, wie es der Person X sowohl zeitlich als auch von der Leistungsfähigkeit möglich ist. Person X hat einen zeitlichen Verfügungsrahmen von maximal drei Tage die Woche für maximal drei Stunden, spricht maximal eine Stunde pro Einheit (Vgl. Tab. 1). Nach diesen Informationen wurde der Plan des Mesozyklus fertig gestellt. Die Intensität, die Dauer und der Umfang der jeweiligen Einheiten hängen selbstverständlich von den angestrebten Trainingszielen von Person X. Dazu zählt vor allem die Gewichtsreduktion des gesamten Körpergewichts. Um den Stoffwechsel zu aktivieren ist ein Belastungsumfang von drei Stunden die Woche angebracht (Zintl & Eisenhut, 2009, S. 142). Neben dem Ausdauertraining übt Person X zusätzlich maximal fünfmal die Woche Krafttraining aus.

3.3.2 Begründung zu den ausgewählten Trainingsmethoden

Bei der Auswahl der Trainingsmethode sind Intensität und Umfang des Trainings von entscheidender Bedeutung. Im Falle der Person X wurde die extensive Dauermethode ausgewählt. Hierbei ist zu beachten, dass jede Einheit durch eine geringe Belastungsintensität in Verbindung mit einem großen Umfang, d. h. einem relativ langen Belastungszeitraum gekennzeichnet wird (Studienbrief der Deutschen Hochschule für Prävention und Gesundheitsmanagement – Trainingslehre II – Gesundheitsorientiertes Ausdauertraining, S. 166-167). Diese Methode wurde speziell gewählt, um die Grundlagenausdauer 1 zu verbessern und daraufhin wird die Grundlagenausdauer 2 aufgebaut. Zusätzlich wird in erster Linie der aerobe Kohlenhydrat und mit zunehmender Dauer dazu auch der Fettstoffwechsel zur Energiebereitstellung herangezogen, was das Ziel der Gewichtsreduktion begünstigt (Zintl & Eisenhut, 2009, S. 119). Im Endeffekt gilt eine Dauermethode als Basismethode für ein sinnvoll geplantes Ausdauertraining.

3.3.3   Begründung zur Belastungsprozession

Das Prinzip der Belastungsprogression besagt, dass die Steigerung der Belastung zuerst über die Trainingshäufigkeit, dann über die Trainingsdauer und zuletzt über die Trainingsintensität erfolgt. Die Häufigkeit der Einheiten ist durchgehend konstant, doch dafür ändern sich Dauer und Intensität des Trainings von Woche zu Woche zunehmend (siehe Tab. 8-10). Da Person X in der Lage ist, maximal bis zur dreimal pro Woche bis zu 60 Minuten ein Ausdauertraining absolvieren kann, ist ihr das Prinzip der Belastungsprogression perfekt anzusetzen. Es kann jedoch in Abhängigkeit von der Zielsetzung und dem Leistungsstand von Person X noch auf die maximale Anzahl von bis zu vier Trainingseinheiten pro Woche gesteigert werden.

3.3.4   Begründung zu den angesteuerten Trainingsbereichen

Das Ausdauertraining wird für eine effektive Entwicklung der Ausdauerleistungsfähigkeit in vier verschiedenen Trainingsbereichen eingeteilt. Das wesentliche Einteilungskriterium ist dabei die Belastungsintensität (Zintl & Einsenhut, 2009, S. 111). Regenerations- und Kompensationsbereich, Grundlagenausdauer 1, Grundlagenausdauer 2 und wettkampfspezifische Ausdauer sind die vier Bereiche des Ausdauertrainings. In Abhängigkeit von der Zielsetzung und vom Leistungsstand wird der passende Trainingsbereich für Person X ausgewählt. Aus diesem Grund kommen die ersten drei Trainingsbereiche im Trainingsplan von Person X vor. Der vierte Trainingsbereich spielt für das gesundheits- und fitnessorientierte Training keine Rolle. Genauer auf die Grundlagenausdauer 1 eingegangen, hat sie das die Grundlagenausdauer aufzubauen und zu stabilisieren sowie die Erhöhung der aeroben Leistungsfähigkeit. Die Grundlagenausdauer 2 ist eine Weiterentwicklung der Grundlagenausdauer. Und schließlich wird die Regenration gefördert und die Belastbarkeit für die nachfolgende intensiven Trainings erhöht. Im Anschluss findet das Training in aerober Stoffwechsellage statt. Dies bedeutet es kommt zu keinerlei Laktatproduktion. Das Training liegt hierbei zwischen 50 und 60% Hfmax (Reiß und Eifler, 2014, Studienbrief der Deutschen Hochschule für

Prävention und Gesundheitsmanagement – Trainingslehr II – Gesundheitsorientiertes Ausdauertraining, S. 192-193).

3.3.5   Begründung der ausgewählten Ausdauergeräte bzw. Bewegungsformen

Bei der Geräteauswahl (Fahrrad und Laufbahn) sind Vorlieben, frühere Erfahrung und Zielsetzung von Person X zu beachten. Person X ist früher häufig gejoggt, weshalb an dieser Stelle auf der Laufbahn einige Einheiten abgeschlossen werden, da es dem Laufen Outdoor ähnelt. Person X bringt durch das frühere Joggen die notwendige Bewegungstechnik mit und hat somit ebenfalls hohe koordinative Anforderungen. Da eine Zielsetzung die Gewichts- und gleichzeitig die Körperfettanteilreduktion beinhaltet, wird hier das Fahrrad bevorzugt, da bei der Bewegung eine große Muskelmasse in Fokus steht. Je mehr Muskelgruppen an der Bewegung beteiligt sind, desto höher ist der Gesamtenergieumsatz pro Zeiteinheit. Das Laufen auf der Laufbahn dominiert im Trainingsplan, da hierbei mehr als 1/6 der Skelettmuskulatur kontinuierlich beansprucht und trainiert wird. Diese Bewegung ist davon abgehen die ideale Bewegungsform (Zintl & Eisenhut, 2009, S. 143).

4   Literaturrecherche

Die zwei folgenden Tabellen veranschaulichen zwei verschiedenen wissenschaftliche Studien zu dem Thema „Effekte des Ausdauertrainings bei Übergewicht/Adipositas".

Tab. 11: Effekte des Ausdauertrainings bei Übergewicht/Adipositas (Hutterer C., Okt, 2018)

Autor:	Hutterer C.
Publikumsjahr:	Oktober, 2018
Forschungsfrage:	Sportliche Aktivität und Körpergewicht: Wieviel Zeit ist wöchentlich notwendig und hilfreich ?
Versuchsperson:	559 Personen im Alter von 27,4 und mit einem BMI von 25,4 wurden in drei verschiedenen Gruppen eingeteilt
Versuchsaufbau:	Gruppe 1: „Kleine Verhaltensveränderungen" ➤ Kalorienreduktion von 100 kcal/Tag ➤ Zusätzliche körperliche Aktivität von 2000 Schritten/Tag Gruppe 2: „Große Verhaltensveränderungen" ➤ Gewichtsverlust von 2,3 kg – 4,5 kg ➤ Steigerung der körperlichen Aktivität auf >250 Minuten/Woche Gruppe 3: Kontrollgruppe ➤ Keine Gewichts- und Aktivitätsveränderung angestrebt ➤ Bisheriges Aktivitätsniveau und -umfang werden beibehalten

	Und nach vier Monaten, nach einem Jahr und nach zwei Jahren werden die körperliche Aktivität und das Körpergewicht gemessen.
Relevante Ergebnisse:	Nachdem die körperliche Aktivität und das Körpergewicht gemessen wurden, konnte beobachtet werden, dass abhängig von der Aktivitätszeit die Veränderungen dementsprechend variieren. Bei weniger als 150 Minuten Aktivitätszeit pro Woche, hatte nach zwei Jahren knapp 49% der Untersuchten mehr als ein Pfund an Gewicht zugenommen. Bei 150 – 250 Minuten die Woche waren es 36% und bei mehr als 250 Minuten die Woche waren es 30%. Insgesamt konnten die, die mehr als 150 Minuten pro Woche in die körperliche Aktivität investierten ihr Gewicht halten oder sogar reduzieren.
Schlussfolgerungen:	Im Großen und Ganzen lassen sich diese Ergebnisse bestätigen, denn wer viel moderate bis intensive Bewegungen ausübt, kann einen Gewichtsverlust besser erhalten. Die untere Grenze hierbei liegt bei 150 Minuten Aktivitätszeit pro Woche. Bei diesen Untersuchen übten die Teilnehmer mit gleichbleibendem Gewicht oder Gewichtsverlust im Schnitt pro Woche 45 Minuten mehr moderaten bis intensiven Sport.

Tab. 12: Effekte des Ausdauertrainings bei Übergewicht/Adipositas (2017)

Autor:	➢ Dennis T. ➢ Villareal, M.D. ➢ Lina Aguirre, M.D. ➢ A. Burke Gurney, Ph. D. ➢ Debra L. ➢ Waters, Ph. D.
Publikumsjahr:	Mai, 2017
Forschungsfrage:	Kann das Körpergewicht von adipösen Senioren durch das Ausdauertraining gesenkt werden ?
Versuchspersonen:	141 Senioren (65-85 Jahre alt) BMI: >30 Teilnahmebedingungen: Bewegungsarmut und Bereitschaft sich der Restriktionsdiät/Sportprogramm zu unterziehen.
Versuchsaufbau:	Sechsmonatige Intervention einer Physical Performance Test. ➢ Gruppe 1: Die Versuchspersonen führten dreimal die Woche eine Stunde Ausdauertraining mit einer 65%igen Belastung der maximalen Herzfrequenz (später 70 bis 85%) in Kombination mit einer Diät (tägliches Energiedefizit von 500 – 750 Kilokalorien). ➢ Gruppe 2: Dreimal die Woche eine Stunde Krafttraining mit 65% Belastung der maximalen Muskelkraft (später bis zu 85%).

	➢ Gruppe 3: Hierbei wurde ein kombiniertes Ausdauer- und Krafttraining durchgeführt. Die drei wöchentlichen Übungsstunden dauerten jeweils 75 bis 90 Minuten. ➢ Gruppe 4: Keine Teilnahme an einer Diät/Training.
Relevante Ergebnisse:	In allen drei aktiven Gruppen wurde eine Gewichtsreduktion erreicht.
Schlussfolgerungen:	„Die Studie zeigt laut Villareal eindeutig, dass die Kombination mit einem Sportprogramm die negativen Auswirkungen einer Diät bei Senioren verhindern kann. Einige Teilnehmer hatten ihr Ergebnis im „Physical Performance Test" so weit gesteigert, dass sie am Ende nicht mehr als gebrechlich eingestuft wurden."

Literaturverzeichnis

Israeal S., Fikenzer S. (2013). Studienbrief der Deutschen Hochschule für Prävention und Gesundheitsmanagement – Medizinische Grundlagen. Saarbrücken.

Löllgen, H. (2009). Definition und Methoden.In H. Löllgen, E. Erdmann & A. K. Gitt (2009). Ergometrie. Heidelberg: Springer

Reiß M., Eifler C. (2014). Studienbrief der Deutschen Hochschule für Prävention und Gesundheitsmanagement – Trainingslehre II – Gesundheitsorientiertes Ausdauertraining. Saarbrücken.

Reiß M., Israel. (2011). Studienbrief der Deutschen Hochschule für Prävention und Gesundheitsmanagement – Ausdauer Trainingslehre II. Saarbrücken.

Zintl, F. & Eisenhut, A. (2009). Ausdauertraining: Grundlagen – Methoden – Trainingssteuerung (7 Überarbeitete Auflage Ausg.). München: BLV Sportwissen.

Hutterer, C. (2008). Sportliche Aktivität und Körpergewicht: Effekte erst ab einer wöchentlichen Mindestdauer. Fachbeitrag im Internet. Zugriff am 22.06.2020. Verfügbar unter https://www.zeitschrift-sportmedizin.de/sportliche-aktivitaet-und-koerpergewicht-effekte-erst-ab-einer-woechentlichen-mindestdauer/

Dennis T. Villareal, M.D., Lina Aguirre, M.D., A. Burke Gurney, Ph.D., P.T., Debra L., Waters, Ph.D. (2017). Ausdauer- und Krafttraining unterstützen Diät im Alter am besten. Zugriff am 22.06.2020. Verfügbar unter https://www.aerzteblatt.de/nachrichten/75841/Ausdauer-und-Krafttraining-unterstuetzen-Diaet-im-Alter-am-besten

Abbildungs- und Tabellenverzeichnis

Tabellenverzeichnis

BEI GRIN MACHT SICH IHR WISSEN BEZAHLT

- Wir veröffentlichen Ihre Hausarbeit,
  Bachelor- und Masterarbeit

- Ihr eigenes eBook und Buch -
  weltweit in allen wichtigen Shops

- Verdienen Sie an jedem Verkauf

Jetzt bei www.GRIN.com hochladen
und kostenlos publizieren